Matthias Bruns

Wirkungszusammenhänge von Erfolgsfaktoren im mobilen Internet

Bruns, Matthias: Wirkungszusammenhänge von Erfolgsfaktoren im mobilen Internet.
Hamburg, Bachelor + Master Publishing 2015
Originaltitel der Abschlussarbeit: Wirkungszusammenhänge von Erfolgsfaktoren im mobilen Internet

Buch-ISBN: 978-3-95820-275-7
PDF-eBook-ISBN: 978-3-95820-775-2
Druck/Herstellung: Bachelor + Master Publishing, Hamburg, 2015
Covermotiv: © Kobes · Fotolia.com
Zugl. Georg-August-Universität Göttingen, Göttingen, Deutschland, Bachelorarbeit, Mai 2009

Bibliografische Information der Deutschen Nationalbibliothek:
Die Deutsche Nationalbibliothek verzeichnet diese Publikation in der Deutschen Nationalbibliografie; detaillierte bibliografische Daten sind im Internet über http://dnb.d-nb.de abrufbar.

© Bachelor + Master Publishing, Imprint der Diplomica Verlag GmbH
Hermannstal 119k, 22119 Hamburg
http://www.diplomica-verlag.de, Hamburg 2015
Printed in Germany

Inhaltsverzeichnis

Abbildungsverzeichnis

Tabellenverzeichnis

Abkürzungsverzeichnis

BITKOM	= Bundesverband für Informationswirtschaft, Telekommunikation und neue Medien
BVDW	= Bundesverband für Digitale Wirtschaft
Cebit	= Centrum für Büroautomation, Informationstechnologie und Telekommunikation
EDGE	= Enhanced Data Rates for GSM Evolution
GPRS	= General Packet Radio Service
GPS	= Global Positioning System
GSM	= Global System for Mobile Communications
HSDPA	= High Speed Downlink Packet Access
J2ME	= Java 2 Micro Edition
LBS	= Location Based Services
MMS	= Multimedia Messaging Service
PDA	= Personal Digital Assistant
SMS	= Short Message Service
UMTS	= Universal Mobile Telecommunications System
USB	= Universal Serial Bus
W-Lan	= Wireless Local Area Network
WIMAX	= Worldwide Interoperability for Microwave Access
WWW	= World Wide Web

1 Einleitung

Die technologische Weiterentwicklung von Telekommunikationstechnologien und die zunehmende Verbreitung mobiler Endgeräte in den letzten Jahren haben das mobile Internet zum Durchbruch verholfen. Unter mobiles Internet versteht man die Nutzung von Datendiensten über mobile Geräte, wie zum Beispiel Mobiltelefone oder Smartphones. Das mobile Internet lässt sich dabei ähnlich wie das etablierte stationäre Internet nutzen, bietet aber durch den Vorteil der Mobilität weitere Einsatzmöglichkeiten. Den Nutzern können Dienste zur Verfügung gestellt werden, die nur durch Verwendung mobiler Endgeräte realisiert werden können. Durch Location Based Services (LBS) können zum Beispiel ortsbezogene Daten (der aktuelle Standort des Nutzers) in den Dienst eingebunden werden. So lassen sich von einem Dienst beispielsweise Restaurants in der Nähe auf einer Karte anzeigen.

Die Verwendung von mobilen Kommunikationsgeräten hat spezifische Vor- und Nachteile. Durch die Mobilität und den technischen Eigenschaften von mobilen Endgeräten entstehen neue Rahmenbedingungen für Unternehmen, die Dienstleistungen im mobilen Internet anbieten. Bisherige Konzepte für das stationäre Internet müssen daher grundlegend an die veränderten Rahmenbedingungen des mobilen Internets angepasst werden. Das betrifft auch die Erfolgsfaktoren für Internet-Anwendungen, die im Fokus dieser Arbeit stehen.
(Reichwald 2002, S. 37 ff.)

Ziel der Arbeit ist das Aufzeigen von Erfolgsfaktoren für mobile Anwendungen und Dienste sowie dessen Wirkungszusammenhänge. Dabei werden in den ersten Kapiteln zuerst allgemeine Grundlagen zum Thema behandelt und die Bedeutung des mobilen Internets und dessen Entwicklung erläutert. Anschließend werden Erfolgsfaktoren für das mobile Internet identifiziert, beschrieben und nach wirtschaftlichen, sozialen und technischen Aspekten gegliedert sowie dem Marketing-Mix zugeordnet. Es folgt eine Bewertung im Hinblick der Wirkungsintensitäten der ermittelten Erfolgsfaktoren.

Herausgearbeitete Wirkungszusammenhänge der Erfolgsfaktoren werden durch das mehrdimensionale Beschreibungsinstrument Balanced Scorecard auf abstrakter Ebene veranschaulicht. Abschließend wird das Vorgehen, bei der Einführung einer Balanced Scorecard, anhand eines Szenarios mit einem fiktiven Modell-Unternehmen verdeutlicht und der Nutzwert des theoretischen Modells demonstriert.

Die erstellte Balanced Scorecard als Ergebnis dieser Arbeit bietet Überblick und Orientierungshilfe für Vermarktungsstrategien von mobilen Anwendungen und Diensten.

2 Grundlagen

In diesem Kapitel werden wichtige Grundlagen im Themenkontext vermittelt.

2.1 Mobiles Internet

Den deutschen Mobilfunkmarkt teilen sich die vier Netzbetreiber T-Mobile, Vodafone, E-Plus und O2-Germany. In Deutschland sind über 100 Millionen Mobilfunkanschlüsse geschaltet. Bereits Mitte 2006 wurden in Deutschland mehr Mobilfunkanschlüsse als Einwohner registriert, was auf den Besitz mehrerer Anschlüsse für einen Kunden zurückzuführen ist. Abbildung 1 zeigt die Entwicklung der Mobilfunkanschlüsse in Deutschland. (BITKOM 2008a)

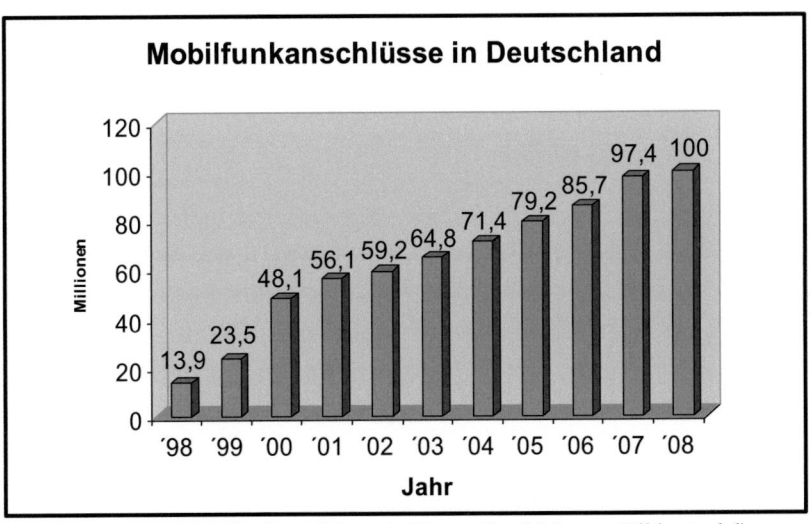

Abb. 1   Mobilfunkanschlüsse in Deutschland (eigenes Bildmaterial)

Im Zusammenhang mit schnellen Übertragungstechniken und leistungsstarken Mobiltelefonen werden die Mobilfunkanschlüsse jedoch nicht mehr nur für Telefonate und zum Versenden und Empfangen von Kurznachrichten (SMS) genutzt, sondern auch als Zugang zum World Wide Web.

Das mobile Internet umfasst das Nutzen aller herkömmlichen WWW-Dienste über Mobilfunknetze mittels mobiler Endgeräte. Dazu gehören beispielsweise die Darstellung von Websites mit Internet-Browsern und der Empfang und Versand von E-Mail Nachrichten. Wichtigstes Abgrenzungskriterium zum stationären Internet ist die Omnipräsenz, die die mobile Nutzung ermöglicht. Omnipräsenz bedeutet die allgegenwärtige Möglichkeit der Nutzung von Informationstechnologien, unabhängig vom Standort und Zeitpunkt. So können beispielsweise spontan aktuelle Nachrichten in der Straßenbahn über das mobile Internet abgerufen werden. Die Mobilität ermöglicht auch eine kontextsensitive Gestaltung der Dienste. Zum Beispiel können durch GPS-Module in den Geräten, ortsbezogene Informationen von einem Internet-Dienst herangezogen werden.
(Turowski; Pousttchi 2004, S.2 ff.)

Die Bedeutung und Entwicklung des mobilen Internets werden detaillierter in Kapitel 3.1 behandelt.

2.2   Mobile Endgeräte

Unter mobile Endgeräte versteht man elektronische Geräte, die sich kabellos und damit ortsunabhängig nutzen lassen. Erreicht wird die Mobilität durch eine kompakte Bauweise, die einen einfachen Transport ermöglicht. Diese Abschlussarbeit beschränkt sich jedoch auf mobile Endgeräte, die den Tatbestand der Omnipräsenz erfüllen, der allgegenwärtigen Möglichkeit der Nutzung von Informationstechnologien. Darunter fallen klassische Mobiltelefone, Personal Digital Assistants (PDA) und Smartphones. Notebooks, Sub-Notebooks[1] und Netbooks[2] ermöglichen zwar die mobile Nutzung des Internets über W-Lan oder UMTS-Modulen, werden jedoch nur gezielt mit sich geführt und sind damit nicht allgegenwärtig nutzbar. Mobiltelefone hingegen werden in der Regel immer mitgeführt und sind damit auch für eine spontane Nutzung des mobilen Internets geeignet. Die Omnipräsenz ist somit gewährleistet.

---

[1] Kompakte und leichte Notebooks mit Displaygrößen zwischen 10 und 13 Zoll.
[2] Kleine Notebooks mit beschränkter Leistung für Officenutzung, mit Displaygrößen zwischen 7 und 12 Zoll.

Ebenfalls denkbar wäre zum Beispiel eine multifunktionale Armbanduhr mit dem Funktionsumfang eines Smartphones. Diese Form eines omnipräsenten Endgeräts besteht bisher jedoch nur als Prototyp und wird in naher Zukunft keine Marktreife erlangen. Im Folgenden bezieht sich der Begriff „mobiles Endgerät" daher immer auf Mobiltelefone, PDA´s und Smartphones. (Turowski; Pousttchi 2004, S.57 ff.)

Die Technologien der genutzten Mobiltelefone befinden sich in rasanter Weiterentwicklung und weisen schnelle Innovationszyklen auf. Während zur Jahrtausendwende noch Endgeräte mit kleinen monochromen Displays und geringem Funktionsumfang „State of the Art" waren, sind so genannte Smartphones heute mit großen Farbdisplays, Office-Funktionen, Kameras sowie W-Lan- und GPS-Modulen ausgestattet. (Turowski; Pousttchi 2004, S.59)

Es wird zwischen drei Endgerätkategorien unterschieden: Mobiltelefone, Personal Digital Assistants (PDA) und Smartphones. Die Übergänge sind dabei zum Teil fließend. Dennoch lassen sich für jede Kategorie klare Leistungsmerkmale definieren:

Bei klassischen **Mobiltelefonen** liegt der Fokus in erster Linie auf den wesentlichen Telefonfunktionalitäten. Dazu gehört das Telefonieren und das Versenden und Empfangen von SMS und MMS. Zum Leistungsumfang gehören weiterhin Adressbuchverwaltung, rudimentäre Kalender- und Notizbuchfunktionen sowie Fotokamerafunktionen verschiedener Auflösungen. Zu den üblichen Schnittstellen gehören USB, Infrarot und Bluetooth. Mobiltelefone weisen in der Regel gegenüber PDA´s und Smartphones eine kompaktere Bauweise vor und sind lediglich mit Zifferntastaturen ausgestattet.

Ein weiteres wichtiges Unterscheidungskriterium ist der Verzicht auf ein erweiterbares, offenes Betriebssystem (zum Beispiel Symbian S60 oder Windows Mobile). Dadurch ergeben sich Geschwindigkeitsvorteile sowie leicht verständliche und kurze Menüstrukturen. Die Möglichkeit, zusätzliche Anwendungen zu installieren, beschränkt sich jedoch auf Java-Applikationen (J2ME)[3]. Abbildung 2 zeigt

---

[3] Java 2 Micro Edition – Runtime zur Ausführung, von auf Kleingeräte spezialisierte, Java-Applikationen.

ein Mobiltelefon des Herstellers Sony Ericsson. (Turowski; Pousttchi 2004, S.61 ff.)

Abb. 2   Mobiltelefon (Sony Ericsson, 2009)

Personal Digital Assistants dienen primär als elektronische Unterstützer für private und geschäftliche Aufgaben. Kernfunktionalität sind Organizer-Anwendungen. Dazu gehören komplexe Terminkalender-Funktionen, Aufgabenverwaltung, Adressbücher mit Sekundärangaben, E-Mail Klienten und Office-Anwendungen (z.B. Textverarbeitung und Tabellenkalkulationen). PDA´s sind häufig mit berührungsempfindlichen Bildschirmen (Touch-Screens) ausgestattet oder bieten die Eingabe über eine QWERTZ-Volltastatur. Weiterhin bieten PDA´s die Möglichkeit der Daten-Synchronisation mit Desktop-PC´s, um beispielsweise mobil erstellte Termine oder neue Kontakte abzugleichen. Die Geräte bieten dazu

verschiedene Schnittstellen: Bluetooth, W-Lan, USB und Infrarot. Häufig verfü-
gen PDA´s auch über ein GPS-Modul zur Positionsbestimmung.

Personal Digital Assistants haben nicht grundsätzlich eine Mobilfunkfunktion
integriert. Im Rahmen der Omnipräsenz ist ein integriertes Mobilfunkmodul jedoch Voraussetzung, da beispielsweise W-Lan im Gegensatz zu GPRS und
UMTS keinen flächendeckenden Zugriff auf das Internet ermöglicht.

PDA´s sind mit komplexen, erweiterbaren Betriebssystemen ausgestattet. Häufig
eingesetzte Betriebssysteme dieser Geräteklasse sind Windows Mobile und Palm
OS. Aufgrund großer Bildschirme und dem eventuellen Einsatz von Volltastatu-
ren sind PDA´s weniger handlich als herkömmliche Mobiltelefone. Abbildung 3
zeigt ein Windows Mobile PDA. (Turowski; Pousttchi 2004, S.65 ff.)

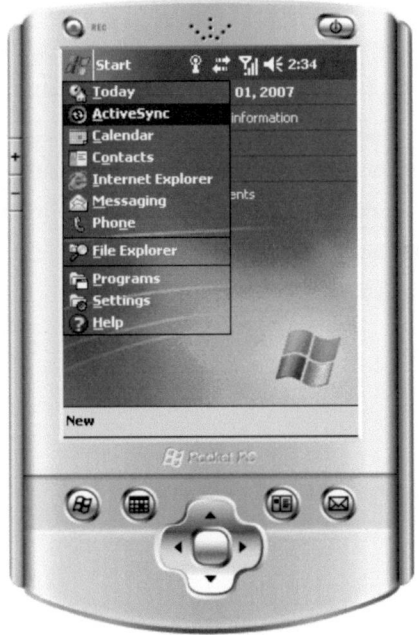

Abb. 3   Personal Digital Assistant (Microsoft, 2009)

Smartphones verbinden die Vorteile von Mobiltelefonen und Personal Digital Assistants und bilden damit eine eigenständige Geräteklasse. Smartphones werden zwar in erster Linie als Mobiltelefon verwendet, bieten aber ähnlich umfangreiche Organizer-Funktionen wie PDA´s. Die Geräte offerieren aufgrund von komplexen Betriebssystemen viele Personalisierungsmöglichkeiten und einen hohen Grad der Erweiterbarkeit. Das häufigste Betriebssystem für Smartphones ist Symbian S60, welches bei Geräten von den Herstellern Nokia, Samsung und Sony Ericsson zum Einsatz kommt. Symbian war bisher ausschließlich zur Steuerung per Tastatur ausgelegt.[4] Ein weiterer Player im Betriebssystem-Markt für Smartphones ist Microsoft mit Windows Mobile. Windows Mobile ist für Touch-Screen Geräte konzipiert und wird von den Geräteherstellern HTC, Samsung, Motorola und Sony Ericsson verwendet. Beide Betriebssysteme sind multitask-fähig. Seit 2008 wird auch von Google ein Betriebssystem auf Linux-Basis entwickelt (Android), welches bisher jedoch nur einen sehr geringen Marktanteil aufweisen kann. Smartphones bieten ein umfassendes Angebot an Schnittstellen. Neben USB, Bluetooth, Infrarot und W-Lan, sind häufig auch GPS-Empfänger in den Geräten integriert. Ein weiteres Leistungsmerkmal von Smartphones ist die Multimediafähigkeit. Video- und Audio-Player, in Verbindung mit großem Speicherplatz, machen die Geräte zum mobilen Entertainment-System. Häufig besitzen Smartphones leistungsstarke Kameraobjektive im Megapixel-Bereich sowie Videoaufnahmefunktionen. Abbildung 4 zeigt ein Smartphone des Herstellers Nokia. (Turowski; Pousttchi 2004, S.68 ff.)

---

[4] Ende 2008 wurde von Nokia eine erste Symbian S60 Version für Touch-Screen Mobiltelefone präsentiert.

Abb. 4   Smartphone (Nokia, 2009)

Aktuelle Personal Digital Assistants und Smartphones bieten grundsätzlich die Möglichkeit, eine Verbindung mit dem Internet herzustellen und Webseiten darstellen zu lassen. Auch viele Mobiltelefone haben bereits häufig mobile Webbrowser als Anwendung integriert. Jedoch fällt dessen Nutzung im Gegensatz zu PDA´s und Smartphones weniger komfortabel aus, was auf die kleineren Bildschirme und der langsameren Hardware der Mobiltelefone zurückzuführen ist. PDA´s und Smartphones bieten dank großer Displays mit hohen Auflösungen im Bereich der mobilen Webnutzung einen hohen Nutzwert (insbesondere bei berührungsempfindlichen Bildschirmen). Auch Standard-Webseiten, die nicht an die kleineren Bildschirme mobiler Geräte angepasst sind, lassen sich so fehlerfrei anzeigen. (Turowski; Pousttchi 2004, S.57 ff.)

2.3 Mobile Zugangstechnologien

Beim Zugriff auf das Internet über mobile Endgeräte lässt sich grundsätzlich zwischen zwei Zugangsarten unterscheiden:

- *Der Zugang über Mobilfunknetze der Mobilfunkprovider*
- *Der Zugang über drahtlose lokale Netzwerke*

Während drahtlose lokale Netzwerke nur vereinzelt an Orten mit vielen potentiellen Nutzern zur Verfügung stehen (in der Regel in Großstädten, Bahnhöfen und Flughäfen), bieten Mobilfunknetze in Deutschland eine großflächige Netzabdeckung. Diese ermöglicht, bis auf kleine Funklöcher in ländlichen Regionen, ortsunabhängiges Internet. (Turowski; Pousttchi 2004, S.10 ff.)

Bei Mobilfunknetzen wird zwischen zwei Grundtechnologien unterschieden: „Global System for Mobile Communications" (GSM) und „Universal Mobile Telecommunications System" (UMTS). Beide Technologien bieten verschiedene Erweiterungen, durch die sich die Übertragungsgeschwindigkeiten erhöhen lassen.

GSM war bei der Einführung 1992, nach den analogen A-, B- und C-Netzen, der erste digitale Standard im Mobilfunkbereich. GSM ermöglichte erstmals das Versenden und Empfangen von Kurznachrichten und ist bis heute die weltweit meistgenutzte Mobilfunktechnologie. GSM kommt in über 200 Ländern zum Einsatz. Mit Übertragungsgeschwindigkeiten von bis zu 14,4 Kilobit pro Sekunde ist GSM ohne Erweiterungen für das heutige mobile Internet kaum nutzbar. Im Vergleich dazu: Ein normaler DSL-Anschluss bietet aktuell Geschwindigkeiten von ca. 16.000 Kilobit pro Sekunde. Das entspricht mehr als das 1.000-fache des GSM-Standards. (Reichwald 2002, S. 122)

GPRS (General Packet Radio Service) ist eine Erweiterung der GSM-Technologie und wurde 1997 in Deutschland eingeführt. GPRS ist ein paketorientierter Datendienst. Das bedeutet, dass die zu übertragenden Daten in einzelne Pakete zerlegt werden und jeweils einzeln übertragen werden. Beim Empfänger werden die Pakete wieder in korrekter Reihenfolge zusammengesetzt. GPRS ermöglicht Übertragungsgeschwindigkeiten zwischen 70 bis 150 Kilobit pro Sekunde. (Reichwald 2002, S. 122)

Eine weitere Übertragungstechnologie, die auf GSM aufbaut, ist EDGE (Enhanced Data Rates for GSM Evolution). EDGE bietet Geschwindigkeiten von bis zu 384 Kilobit pro Sekunde und damit auch hohe Datenraten in Regionen, in denen kein UMTS verfügbar ist. (Turowski; Pousttchi 2004, S.40)

Der Übertragungsstandard UMTS wurde 2004, nach einer staatlichen Versteigerung der UMTS-Lizenzen, von den wichtigsten deutschen Mobilfunkbetreibern in Betrieb genommen. UMTS bietet Übertragungsgeschwindigkeiten von bis zu 2.000 Kilobit pro Sekunde (2 Mbit/s). Im Rahmen der neuen UMTS-Übertragungsstandards spricht man auch von „3G" (dritte Mobilfunk-Generation), dem mobilen Breitband. UMTS ermöglicht erstmals Breitbanddienste für mobile Endgeräte, wie zum Beispiel Livestreaming von Audio- und Videodateien, Videotelefonie oder das schnelle Herunterladen großer Datenmengen. (Reichwald 2002, S. 122)

Die UMTS-Erweiterung HSDPA (High Speed Downlink Packet Access) ermöglicht in Deutschland Übertragungsgeschwindigkeiten von bis zu 7.200 Kilobit pro Sekunde (7,2 Mbit/s).

Die Geschwindigkeiten der verschiedenen Übertragungstechnologien werden in Abbildung 5 miteinander verglichen.

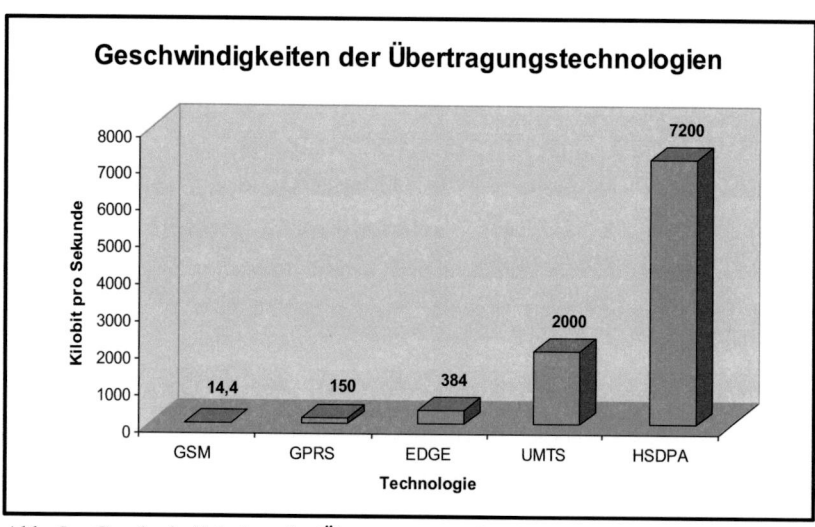

Abb. 5   Geschwindigkeiten der Übertragungstechnologien (eigenes Bildmaterial)

Drahtlose lokale Netzwerke sind Zugänge, die auf ein kleines Nutzungsumfeld begrenzt sind. Aktuell sind lokale Netzwerke größtenteils in Form von Wireless Lokal Area Networks (W-Lan) vorzufinden. Sogenannte W-Lan Hotspots an öffentlichen Plätzen ermöglichen die Internetnutzung mit W-Lan fähigen PDA´s und Smartphones. Dieser Service wird von den Hotspot-Betreibern entweder kostenlos zur Verfügung gestellt (z.B. in Restaurants) oder gegen Bezahlung, wie beispielsweise bei großflächigen Hotspots an Flughäfen und Bahnhöfen. Die in aktuellen Geräten verbauten W-Lan Module (nach dem Standard IEEE 802.11g) bieten Übertragungsgeschwindigkeiten von bis zu 54 Megabit pro Sekunde und ermöglichen damit eine schnelle mobile Internetnutzung. (Turowski; Pousttchi 2004, S.49 ff.)

WIMAX (Worldwide Interoperability for Microwave Access) ist ein neuer Standard, der Regionen, die bisher nicht mit DSL Breitband-Internet versorgt werden konnten, einen schnellen Internetzugang bieten soll. Dieser Übertragungsdienst lässt sich in Zukunft auch mit mobilen Endgeräten nutzen.

Ein weiterer drahtloser Übertragungsstandard ist Bluetooth. Diese Technologie ist jedoch aufgrund von kleinen Reichweiten und geringen Bandbreiten für das mobile Internet nicht relevant. (Turowski; Pousttchi 2004, S.52 ff.)

2.4 Mobile Datendienste und Anwendungen

Neben den mobilfunktypischen Diensten (Telefonieren, Versenden und Empfangen von SMS) bieten mobile Endgeräte Dienste und Anwendungen, die über die mobile Anbindung an das World Wide Web realisiert werden.
Dabei lässt sich zwischen zwei Formen der Realisierung unterscheiden:

- *Das Bereitstellen von Diensten und Services direkt auf angepasste Webseiten über den integrierten Internet Browser.*
- *Die Bereitstellung von Anwendungen, die auf den Endgeräten installiert werden und auf das mobile Internet zugreifen.*

Beide Methoden haben spezifische Vor- und Nachteile. Die Auswahl einer Methode ist grundsätzlich abhängig von den Anforderungen, die aus dem Leistungsangebot der Dienste resultieren. (Turowski; Pousttchi 2004, S.95 ff.)

Webseiten haben den obligatorischen Vorteil, dass die Dienste plattformunabhängig zur Verfügung gestellt werden. Diese Dienste sind mit jedem Mobiltelefon nutzbar, auf denen ein mobiler Webbrowser installiert ist. Für die User entfällt das Installieren einer Software, wodurch der Dienst auch von verschiedenen Geräten genutzt werden kann. Ein E-Mail Dienst, bereitgestellt als Webseite, kann beispielsweise auch mit fremden Geräten verwendet werden.

Eine installierte Anwendung ermöglicht hingegen einen größeren Funktionsumfang des Dienstes. Beispielsweise lassen sich Telefondaten (gespeicherte Kontakte oder Termine) für den Dienst nutzbar machen, auf den der Webbrowser keinen Zugriff hat. Auch Gerätehardware, wie z.B. Bluetooth oder GPS (Global Positioning System), kann von den Anwendungen verwendet werden. Als Beispiel ist hier die mobile Version von Google-Maps[5] zu nennen, welche als Anwendung GPS-Daten des Telefons nutzt, um den Standort des Users anzuzeigen. Weiterhin können Anwendungen durch Fullscreen den ganzen Bildschirm ausnutzen und lassen sich im Design freier gestalten. Gegenüber Webseiten können Applikationen zusätzlich im Offlinemodus genutzt werden, wodurch Verbindungskosten gespart werden können.

Nachteilig erfordert das Bereitstellen von Anwendungen die Berücksichtigung verschiedener Betriebssysteme und Hardware-Eigenschaften. Dabei kann die Software entweder gerätespezifisch als Symbian-, Windows Mobile- oder iPhone-Applikation erstellt werden oder plattformübergreifend als Java Anwendung. Java-Applikationen für mobile Endgeräte werden durch die speziell angepasste Java 2 Micro Edition (J2ME) realisiert. Neben PDA's und Smartphones ermöglichen auch viele Mobiltelefone das Installieren von J2ME-Anwendungen. J2ME ermöglicht zwar im Grunde eine geräteunabhängige Anwendungsentwicklung, jedoch sind auch hier Hardwaremerkmale der verschiedenen Geräte zu berücksichtigen, wie zum Beispiel verschiedene Displayauflösungen. (Turowski; Pousttchi 2004, S.95 ff.)

---

[5] Google-Maps – Elektronischer online Kartendienst (www.google.de/gmm).

3 Bedeutung des mobilen Internets

Dieses Kapitel erläutert die bisherige Entwicklung des mobilen Internets, die aktuelle Marktsituation sowie Anwendungsfelder und Zielgruppen.

3.1 Bisherige Entwicklung

Bis 1993 war das World Wide Web (kurz WWW) auf die Nutzung für Forschungs- und Testzwecke beschränkt. Am 30. April 1993 wurde das Internet auch für die Allgemeinheit zugänglich. Anfangs noch ein Medium zur Informationsbeschaffung für Randgruppen, ist das Internet heutzutage für viele Menschen ein fester Bestandteil des täglichen Lebens. Das Internet hat sich zu einem Massenprodukt entwickelt. Aktuell gibt es in Deutschland rund 52 Millionen Online-Nutzer. Weltweit nutzen 1,3 Milliarden Menschen das World Wide Web. (BITKOM 2008b)

Das Internet fungiert mittlerweile nicht mehr als statisches Informationsportal, sondern präsentiert sich auf dynamischer Ebene mit interaktiven Inhalten. Im so genannten Web 2.0 werden in sozialen Netzwerken Kontakte geknüpft, Waren online bestellt oder ersteigert und Reisen gebucht. Auch im unternehmerischen Umfeld ist das Internet ein unverzichtbares Werkzeug im Tagesgeschäft. Geschäftskontakte und -beziehungen werden online gepflegt, Mitarbeiter können im Außendienst auf Unternehmensdaten zugreifen und Produkte werden online verkauft, ohne Nutzung von lokalen Geschäftsräumen.

Durch schnellere Übertragungstechniken und durch Weiterentwicklungen bei mobilen Endgeräten, wie zum Beispiel große Farbdisplays, hat das Internet auch Einzug im mobilen Bereich erhalten. Bereits Mitte der Neunziger konnte das Internet mit Mobiltelefonen rudimentär genutzt werden. Zum Beispiel konnten aktuelle Wetterdaten aufs Mobiltelefon geladen werden. Langsame Verbindungen, hohe Übertragungskosten und kleine „nur-Text"-Displays sorgten jedoch für Zurückhaltung seitens der Nutzer.

Mit modernen PDA´s und Smartphones können auch Webseiten komfortabel betrachtet werden, die nicht speziell an die kleinen Displays angepasste sind. Geräte mit hochauflösenden Touchscreen-Displays mit Diagonalen von über 3 Zoll, wie zum Beispiel das Apple iPhone, bieten beim Webbrowsen ähnlichen Komfort wie herkömmliche Personal Computer. Weiterhin hat die Einführung von UMTS und die zunehmende Verbreitung von UMTS-fähigen Geräten in den letzten Jahren die Nutzerzahlen erhöht. UMTS bietet Kunden neue Möglichkeiten, wie beispielsweise die Nutzung von Online-Multimediainhalten in Form von Videos und herunterladbarer Musik.

Weitere Nutzerzuwächse resultieren aus gesunkenen Verbindungsentgelten. Volumenpakete, die eine bestimmte Datenübertragungsmenge zum Festpreis ermöglichen, oder Flatrates ohne Zeit- und Volumenbegrenzung sorgen für Kostenüberblick beim Mobilfunkkunden. (BITKOM 2008b)

3.2   Aktuelle Marktsituation

Der SMS-Dienst (Short Message Service) hat sich seit dessen Einführung Mitte der Neunziger zum meistgenutzten Datendienst entwickelt und sich für die Netzbetreiber als Killerapplikation zum Vertrieb von Mobiltelefonen und Mobilfunk-Verträgen herausgestellt. Der SMS-Dienst erlaubt es, in der Länge beschränkte Kurznachrichten gegen ein Entgelt zwischen zwei Mobiltelefonen zu verschicken. Im Jahr 1999 wurden laut Bundesverband für Informationswirtschaft, Telekommunikation und neue Medien (BITKOM) in Deutschlang 3,6 Milliarden SMS verschickt (BITKOM 2007). Im Vergleich dazu wurden im Jahr 2008 29,1 Milliarden SMS verschickt. (BITKOM 2009a)

Derzeit sind in Deutschland 16 Millionen UMTS Anschlüsse registriert. Laut BITKOM soll die Anzahl Ende 2009 auf 22,7 Millionen Anschlüsse steigen, was einen Anteil von ca. 20 Prozent aller Mobilfunkanschlüsse entspricht. Für das Jahr 2012 geht man von einem Anteil von über 60 Prozent aus. (BITKOM 2009b)

Nach einer Erhebung vom Bundesverband für Digitale Wirtschaft (BVDW) im Umfang von 966 Befragten, haben bereits 35 Prozent das mobile Internet genutzt. 21 Prozent planen die Nutzung oder können sich vorstellen, das mobile Internet demnächst zu nutzen. 44 Prozent der Befragten erwägen auch in Zukunft nicht, das mobile Internet zu verwenden. Abbildung 6 zeigt die Ergebnisse der Umfrage. (BVDW 2009)

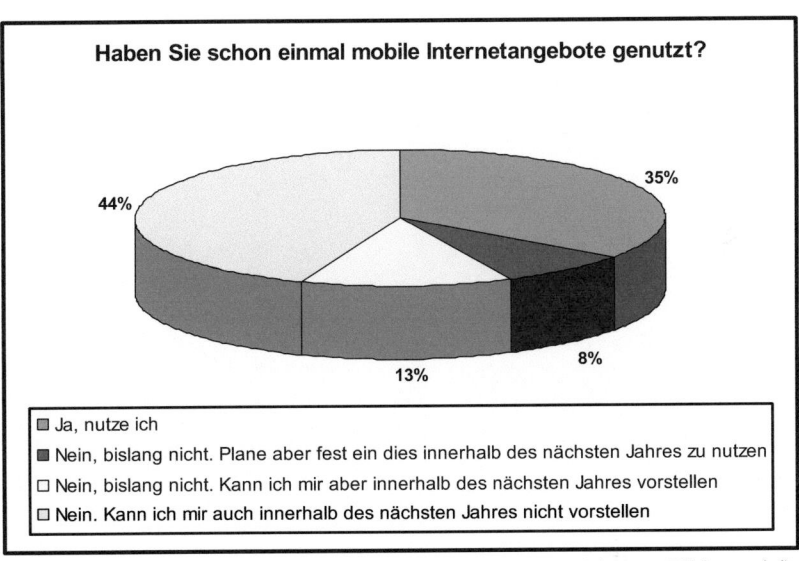

Haben Sie schon einmal mobile Internetangebote genutzt?

35%
44%
13%
8%

☐ Ja, nutze ich
■ Nein, bislang nicht. Plane aber fest ein dies innerhalb des nächsten Jahres zu nutzen
☐ Nein, bislang nicht. Kann ich mir aber innerhalb des nächsten Jahres vorstellen
☐ Nein. Kann ich mir auch innerhalb des nächsten Jahres nicht vorstellen

Abb. 6   Umfrage der BVDW über mobile Internetnutzung (eigenes Bildmaterial)

Speziell in den letzten zwei Jahren hat der Markt um das mobile Internet in Deutschland stark zugelegt. Neben zunehmender Verbreitung von UMTS und leistungsstarken Endgeräten, ist primär die neue Preispolitik der Netzprovider für den Wachstumsschub verantwortlich. Aktuell liegt das Preisniveau vieler Prepaid-Anbieter für den mobilen Datenverkehr bei 24 Cent pro Megabyte (0,24 Cent pro 10 Kilobyte). Bis 2006 wurden noch von den meisten Anbietern einheitlich 29 Cent pro 10 Kilobyte-Block berechnet. Das ergibt einen Preisrückgang von 99,17 Prozent. Auch Volumen- und Festpreistarife (Flatrates) haben die Nutzungsbereit-schaft der Kunden erhöht. Aktuell werden beispielsweise 1-Gigabyte Volumenta-rife für 9,95 Euro (Anbieter Symio), Flatrates für 19,80 Euro pro Monat (Anbieter blau.de) und Tages-Flatrates für 2,50 Euro pro Tag (Anbieter Fonic) angeboten.

Die Zunahme der Akzeptanz der Kunden gegenüber dem mobilen Internet spiegelt sich auch in den Umsätzen der Mobilfunkbetreiber wider. Die folgende Abbildung zeigt eine Umsatzprognose über die Umsätze mobiler Datendienste (ohne SMS und MMS). (BITKOM 2008c)

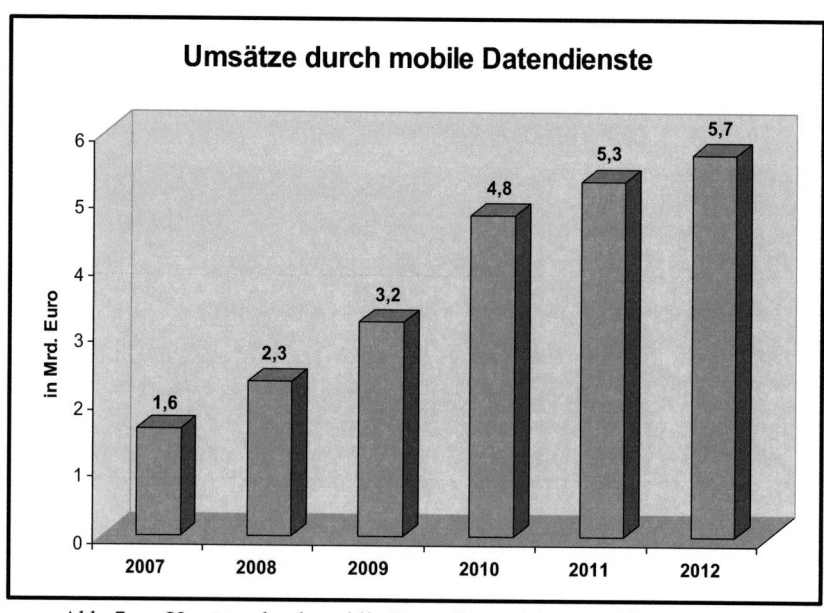

Abb. 7   Umsätze durch mobile Datendienste (eigenes Bildmaterial)

Nach 2,3 Milliarden Euro Umsatz im Jahr 2008 wird eine Umsatzverdoppelung bis 2012 erwartet. Weiterhin wird, laut der Studie „Mobile Life 2012" von Goldmedia, 2012 allein durch mobile Unterhaltung ca. 740 Millionen Euro umgesetzt. Davon entfallen 40 Prozent auf Werbeumsätze, 24 Prozent auf mobile Videodienste, 14 Prozent auf mobile Spiele und 22 Prozent auf Musik- und Klingeltondownloads. (Goldmedia 2008)

Der Gesamtumsatz für den deutschen Mobilfunkmarkt wird 2009 voraussichtlich 22,3 Milliarden Euro betragen. Für den Umsatz mit Datendiensten (inklusive SMS und MMS) wird 2009 ein Wachstum von 8 Prozent auf 5,5 Milliarden Euro gegenüber dem Vorjahr erwartet. Damit liegt der Anteil von Datendiensten am Ge-

samtumsatz bei ca. 25 Prozent. Abbildung 8 veranschaulicht die Zahlen. (BIT-
KOM 2009c)

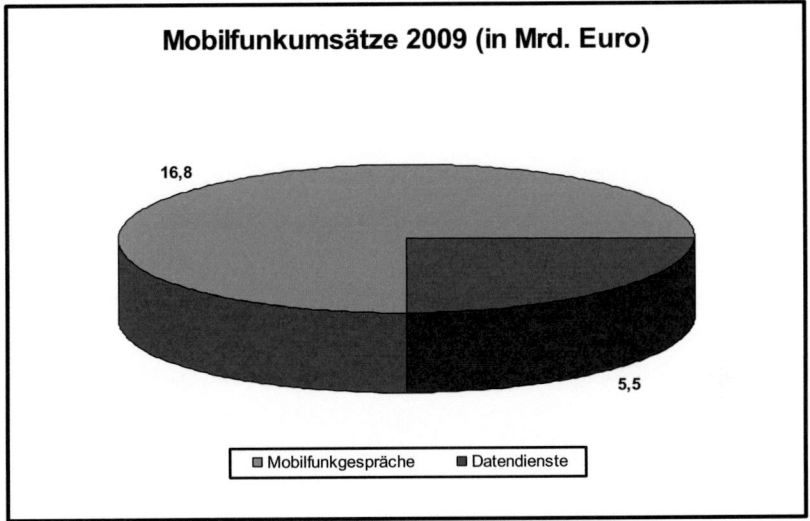

Abb. 8   Mobilfunkumsätze 2009 (eigenes Bildmaterial)

3.3 Anwendungsfelder und Zielgruppen

Für das mobile Internet lässt sich zwischen verschiedenen Anwendungsfeldern differenzieren:6

- Mobile Unterhaltung

Mobile Unterhaltung gehört zu den Anwendungsbereichen mit dem stärksten Wachstum im mobile-Commerce. Die Musikdownloads auf Mobiltelefone legten im Jahre 2008 beispielsweise um 12 Prozent auf 6 Millionen Musikstücke zu. (BITKOM 2009d)

Kernanwendungen sind Abruf-Dienste wie Musik- und Klingeltondownloads, Videostreaming und -downloads und herunterladbare Spiele. Die Verbreitung mobiler Unterhaltungsdienste wurde durch das mobile Breitband durch UMTS-Ausbau stark gefördert. Zielgruppen sind in erster Linie Jugendliche mit multimediafähigen Mobiltelefonen und Smartphones. (Bouwman; De Vos; Haaker 2008, S. 93)

- Mobile Kommunikation

Kommunikationsdienste für das mobile Internet dienen der nonverbalen Kommunikation mit Freunden und Bekannten übers Mobiltelefon. Mögliche Formen sind mobile Chatrooms, Instant Messenger, E-Mail Dienste, mobile Communities und soziale Netzwerke. Diese Dienste richten sich prinzipiell an alle Altersgruppen. Jedoch gerade soziale Netzwerke und Chat-Tools werden bevorzugt von Jugendlichen genutzt. (Eberspächer; Speidel 2007, S. 177 ff.)

- Location Based Services (LBS)

Location Based Services sind ortsbezogene Internet-Dienste und -Anwendungen, die den aktuellen Standort des Nutzers einbeziehen. Ein Service, mit dem sich beispielsweise Restaurants und Hotels in der Nähe auffinden lassen, fällt in diese Anwendungsgruppe. Die Ortung des Nutzers kann dabei entweder per GPS-Modul erfolgen oder durch das Identifizieren der Mobilfunkzelle, mit der das Mo-

---

[6] Die Zusammenstellung ist angelehnt an Nennungen in der Literatur von Reichwald, Eberspächer/Speidel, Bouwman und Turowski.

biltelefon zu dem Zeitpunkt verbunden ist. Zur Zielgruppe gehören Nutzer, die viel und vor allem in unbekannten Orten unterwegs sind.
(Reichwald 2002, S. 401 ff.)

- *Mobile Information*
Zu mobilen Informationsdiensten gehören zum Beispiel Nachrichten-Portale oder Preisvergleiche. Informationsdienste richten sich an alle Altersgruppen. Zielgruppen im Detail sind abhängig von der Art der Information, die bereitgestellt wird. (Bouwman; De Vos; Haaker 2008, S. 93)

- *Mobile Banking*
Mobile Banking ermöglicht den Zugriff auf Bankkonten über mobile Endgeräte. Dabei wird über das mobile Internet eine sichere Verbindung zum jeweiligen Kreditinstitut des Nutzers hergestellt. Zur Zielgruppe gehören alle Nutzer von herkömmlichen Online-Banking-Diensten. (Reichwald 2002, S. 493 ff.)

- *Mobile Payment*
Durch Mobile Payment Services können Zahlungen bargeldlos über mobile Endgeräte durchgeführt werden. Die Transaktionsabwicklung wird dabei über das mobile Internet realisiert. Zur Zielgruppe gehören alle Nutzer von Mobile Payment tauglichen Endgeräten. (Eberspächer; Speidel 2007, S. 129 ff.)

- *Mobile Enterprise Services*
Mobile Enterprise Services sind Anwendungen und Dienste, mit denen sich mobil über das Internet, das Tagesgeschäft von Unternehmen vorantreiben lässt. Zum Beispiel ein Service, der es erlaubt mobil per PDA den aktuellen Lagerbestand des Betriebs einzusehen. Zielgruppen sind demnach Außendienstmitarbeiter von vernetzten Unternehmen. (Bouwman; De Vos; Haaker 2008, S. 93)

4 Erfolgsfaktoren im mobilen Internet

In diesem Kapitel werden Erfolgsfaktoren für das mobile Internet identifiziert, beschrieben und nach wirtschaftlichen, sozialen und technischen Aspekten gegliedert. Anschließend werden die Erfolgsfaktoren dem Marketing-Mix zugeordnet.

4.1 Definition von Erfolgsfaktoren

Erfolgsfaktoren sind Einflussfaktoren, die grundlegend zum Erreichen der Unternehmensziele beitragen. Sie haben direkten Einfluss auf den Unternehmenserfolg. Demnach stehen sie in einem funktionalen Zusammenhang zu einer positiven Unternehmensentwicklung. Daher ist das Ermitteln von Erfolgsfaktoren zum Erreichen der Ziele von zentraler Bedeutung.

Durch die Erfolgsfaktorforschung lassen sich Handlungsanweisungen ableiten, die zum Erreichen der Ziele und damit zum Erfolg der Unternehmung führen. Nach der Identifizierung der Erfolgsfaktoren gilt es, die Faktoren durch betriebswirtschaftliche Maßnahmen positiv zu beeinflussen. Typische Erfolgsfaktoren sind zum Beispiel die Qualität von hergestellten Produkten oder das Image einer Marke. (Kollmann 2005, S. 124 ff.)

4.2 Identifizierung und Beschreibung von Erfolgsfaktoren im mobilen Internet

Um dieses Kapitel aufgrund der Fülle möglicher Erfolgsfaktoren für Unternehmen nicht ausufern zu lassen, findet eine Beschränkung auf themenspezifische Erfolgsfaktoren statt. Diese stehen im direkten Bezug zu dem Produkt für das mobile Internet. Auf die Nennung von grundsätzlichen, allgemeinen Erfolgsfaktoren für

Unternehmen, wie zum Beispiel *Marktanteil* oder *Produktivität*, wird an dieser Stelle zur Wahrung der Übersicht und zur Konzentration auf das Thema verzichtet. Im Folgenden werden die themenspezifischen Erfolgsfaktoren für das mobile Internet nach wirtschaftlichen-, sozialen- und technischen Aspekten gegliedert.

4.2.1 Wirtschaftliche Aspekte

- Das Preis- und Ertragsmodell

Das Ertragsmodell beschreibt, wie aus einem Angebot Erlöse erwirtschaftet werden. Erlöse können durch einen einmaligen Kaufpreis, durch Abonnentengebühren oder durch Werbung erzielt werden. Das Preismodell definiert die Höhe der zu entrichtenden Entgelte. Die Preisgestaltung des Angebots und der Einsatz von Werbung haben Einfluss auf die Nutzungsbereitschaft der Kunden. Zu hohe Preise oder aufdringliche Werbung, die die Nutzbarkeit negativ beeinflusst, können Kunden von der Nutzung des Angebots abschrecken. (Turowski; Pousttchi 2004, S.140 ff.)

Beim mobilen Internet werden von den Kunden in der Regel durch Werbung finanzierte Angebote bevorzugt. Das spiegelt sich auch in den Erlösmodellen aktueller Angebote wider: Ein Großteil der aktuell verfügbaren mobilen Dienste wird laut einer Studie von Goldmedia über Werbung finanziert. Demnach werden im Jahr 2012 300 Millionen Euro aus Werbung über das mobile Internet erwirtschaftet. 2008 betrugen die Nettoerlöse aus mobiler Werbung 96,9 Millionen Euro. (BITKOM 2008c)

- Günstiger Netzzugang

Die Nutzungsbereitschaft für das mobile Internet ist abhängig von den Gebühren, die den Kunden von den jeweiligen Netzbetreibern berechnet werden. Dies ist ein Faktor, der den Erfolg eines Dienstes beeinflusst, jedoch nicht von den Anbietern der Dienste kontrolliert werden kann. In den letzten Jahren sind die Nutzungspreise der Provider jedoch stetig gesunken. Weiterhin zeigt der Vergleich mit anderen europäischen Ländern, dass die Preisuntergrenze dabei noch lange nicht erreicht ist.[7] (Reichwald 2002, S. 61)

- Verfügbarkeit von Applikationen

Wird der Internet-Dienst als eine installierbare Applikation vertrieben, muss ein Distributionskanal gewählt werden, durch den möglichst viele Kunden erreicht werden. Möglich ist beispielsweise ein Download-Link in einer SMS oder MMS, oder das direkte Herunterladen von einer Webseite. Ein neuer Vertriebskanal sind Softwareportale der Gerätehersteller, die direkt in der Betriebssoftware der Geräte integriert sind. Eingeführt wurde dieser Trend von Apple mit dem AppStore in den Produkten iPhone und iPod Touch. Mit Gewinnbeteiligung an Apple, können Softwarehersteller ihre Applikationen im AppStore vertreiben. Auch andere Gerätehersteller planen ähnliche Software Portale. Nokia bietet beispielsweise demnächst den Dienst OVI-Store[8] an.

- Produktinnovation

Der Erfolg ist abhängig vom Innovationsgrad des Dienstes. Um Nutzungsinteresse bei den Kunden zu wecken, sollten die Vorteile des Mediums gegenüber herkömmlichen Personal Computern genutzt werden. Das bedeutet das Einbeziehen der Stärken eines mobilen Endgeräts, wie zum Beispiel die Kamera oder Location Based Services. Der Mehrwert gegenüber stationären Internet-Diensten ist eines der wichtigsten Erfolgsfaktoren für das mobile Internet. (Turowski; Pousttchi 2004, S.149)

- Abgrenzung zur Konkurrenz

Da die Markteintrittskosten der Dienst-Anbieter für das mobile Internet sehr gering sind, stehen bereits für nahezu alle Anwendungsfelder Dienste zur Verfügung. Daher ist es für Anbieter besonders wichtig, sich von Konkurrenz-Produkten abzugrenzen, um nicht in der Masse unterzugehen. Welcher Anbieter sich bei sehr ähnlichen Diensten durchsetzt, ist nicht immer durch wissenschaftliche Methoden begründbar.[9]

---

[7] Siehe Mobilfunkangebote in Österreich.
[8] http://www.ovi.com
[9] Beispiel: StudiVZ in Deutschland gegenüber sehr ähnlichen Angeboten.

- Promotion des Angebots

Entscheidend für eine hohe Kundenzahl, ist eine erfolgreiche Bewerbung der angebotenen Dienste. Die Werbung kann direkt auf mobile Endgeräte platziert werden, zum Beispiel als Werbebanner auf mobile Webseiten und in anderen durch Werbung finanzierten Applikationen, oder über klassische Werbewege, wie zum Beispiel Anzeigen in Fachzeitschriften oder Direktmarketing. Weiterhin muss die angestrebte Zielgruppe des Dienstes durch die Werbung angesprochen werden. Dazu ist es erforderlich, die Zielgruppe im Vorfeld zu definieren. (Reichwald 2002, S. 289)

4.2.2 Soziale Aspekte

- Einfachheit

Die Nutzung der angebotenen Internet-Dienste muss leicht erlernbar sein. Auch für Kunden, die bisher keine Erfahrung mit dem mobilen Internet gemacht haben, muss sofort verständlich werden, wie der Dienst zu nutzen ist. Schwer verständliche Funktionen und fehlende Hilfestellungen können den Erfolg des Dienstes negativ beeinflussen. (Reichwald 2002, S. 61)

- Nutzwert

Für die Kunden muss der Nutzwert des Internet-Dienstes sofort ersichtlich werden. Anbieter müssen potentiellen Kunden schnell vermitteln, warum die Nutzung des Dienstes Vorteile verschafft. Ist für den Nutzer keine Nutzensteigerung erkennbar, wird er das Interesse an den Dienst verlieren. (Reichwald 2002, S. 61)

Weiterhin muss im mobilen Internet das veränderte Nutzungsverhalten der Kunden berücksichtigt werden. Im mobilen Internet wird gezielt nach Inhalten gesucht und die Dauer der Nutzungsperioden ist im Vergleich zum stationären Internet kurz. Diese Faktoren müssen von den Unternehmen bei der Entwicklung für Angebote im mobilen Internet berücksichtigt werden. (Zobel 2001, S. 116)

- Design und Usability

Design und Usability sind wesentliche Faktoren der Akzeptanz von mobilen Diensten. Das Design muss seriös wirken und darf nicht zu verspielt gestaltet werden. Gleichzeitig muss das Design den mobilen Endgeräten angepasst werden (Design to mobile). Dabei müssen technische Eigenschaften, wie zum Beispiel beschränkte Darstellungsmöglichkeiten (kleine Displays mit geringen Auflösungen) berücksichtigt werden.

Die Usability beschreibt die Gebrauchstauglichkeit der Dienste. Es gilt den Service für die Kunden effektiv und effizient bedienbar zu gestalten. So sollte der Dienst beispielsweise eine klare Navigationsstruktur mit eindeutigen Menüunterpunkten vorweisen. Alle Funktionen sollten schnell erreichbar sein und lange Wartepausen zwischen den Eingaben vermieden werden. Weiterhin erhöhen Suchfunktionen und Autotext-Vervollständigungen die Bedienfreundlichkeit.

Die Usability lässt sich ohne großen zeitlichen- und finanziellen Aufwand durch Nutzertests steigern. Werden Aspekte der Usability bei der Entwicklung nicht berücksichtigt, kann die Nutzung des Dienstes bei Kunden für Frustration sorgen, wodurch der Erfolg des Produktes negativ beeinflusst wird.

(Reichwald 2002, S. 61)

- Komfortables Bezahlverfahren

Wird für den Internet-Dienst durch den Anbieter eine Gebühr erhoben, muss ein für den Kunden komfortables Bezahlverfahren entwickelt werden. Das gewählte Abrechnungsmodell muss bei den Kunden Akzeptanz schaffen. Komplizierte, langwierige oder unsichere Bezahlverfahren können potenzielle Kunden von der Nutzung des Angebots abschrecken. (Turowski; Pousttchi 2004, S.163)

- Etablierte Marke

Die Verwendung einer im stationären Internet bereits etablierten Marke, kann die Akzeptanz für einen mobilen Dienst steigern. Wird ein für das stationäre Internet bereits bekanntes Anwendungsfeld auf das mobile Internet übertragen, werden von den Kunden Anbieter bevorzugt, mit denen sie bereits vertraut sind. Das trifft insbesondere auf soziale Netzwerke und anderen Kommunikations-Diensten zu. Kunden würden bevorzugt eine mobile Version eines Dienstes nutzen, bei dem sie bereits registriert sind. Das neue Registrieren bei einem vergleichbaren Dienst hätte für die Nutzer den Nachteil, dass Kontakte und Einstellungen neu erstellt werden müssen.

- Sicherheitsaspekte

Für Dienste im mobilen Internet, die den Umgang mit sensiblen Daten der Nutzer erfordern, haben Aspekte der Sicherheit Einfluss auf den Erfolg. Anbieter sicherheitskritischer Dienste müssen alle Schutzvorkehrungen treffen, die dem aktuellen Stand der Technik entsprechen, um private Daten der Kunden vor Dritte zu schützen. Werden Sicherheitsaspekte von den Entwicklern vernachlässigt, kann das Vertrauen der Kunden und damit auch der Erfolg gefährdet werden.

In Bezug auf Sicherheit haben die mobilen Endgeräte einen bedeutsamen Vorteil gegenüber Desktop-Computern: Für die beschränkten Betriebssysteme von PDA´s und Smartphones sind bisher keine Spionage-Programme (Spyware und Trojanische Pferde) im Umlauf, die sensible Daten abfangen können.
(Reichwald 2002, S. 439)

4.2.3 Technische Aspekte

- Schneller Netzzugang

Ein weiterer Erfolgsfaktor für das mobile Internet ist ein schneller Netzzugang auf Seiten der Kunden. Beinhaltet ein Dienst für das mobile Internet Breitband-Content, wie zum Beispiel hochauflösende Bilder oder Videos, so lässt sich das Angebot nur mit einer schnellen Anbindung an das Internet sinnvoll nutzen. Dieser Faktor kann nicht von den Entwicklern der Internet-Dienste beeinflusst werden. Um schnelles mobiles Internet nutzen zu können, brauchen die Kunden zum einen ein breitbandfähiges Endgerät und zum anderen eine Verbindung zu einem Mobilfunknetz mit UMTS-Ausbau. (Reichwald 2002, S. 65)

- Plattformunabhängigkeit von Applikationen

Wird der Internet-Dienst in Form einer installierbaren Anwendung angeboten, ist der Erfolg davon abhängig, wie viele der potentiellen Kunden die Applikation mit ihrem Endgerät tatsächlich verwenden können. Wird eine Anwendung beispielsweise nur für das Apple iPhone entwickelt, bleibt ein Großteil der potentiellen

Kunden unerreicht. Wird eine Anwendung hingegen nur als (grundsätzlich) plattformunabhängige Java Micro Edition Applikation vertrieben, können Nutzer des
Apple iPhone und anderen Geräten ohne J2ME-Unterstützung das Angebot nicht
nutzen.

4.3   Erfolgsfaktoren im Marketing

In diesem Unterkapitel werden die in Kapitel 4.2 identifizierten Erfolgsfaktoren
im Marketing-Mix eingegliedert.

4.3.1 Der Marketing-Mix

Ein Marketing-Mix gliedert absatzpolitische Faktoren in vier verschiedene Säulen:
Produktpolitik, Preispolitik, Distributionspolitik und Kommunikationspolitik. Die
Produktpolitik befasst sich mit der Produktpalette, die angeboten wird. Im Themenkontext werden die Fragen geklärt, welche mobilen Internet-Dienste angeboten werden, welche Leistungen sie beinhalten und in welcher Form sie realisiert
werden (Webseite oder Applikation). Die Preispolitik beschreibt, in welcher Form
Gebühren von den Kunden bezogen werden sowie die Höhe und Häufigkeit. In
der Distributionspolitik wird festgelegt, über welchen Absatzkanal (z.B. per
Download) der angebotene mobile Internet-Dienst vertrieben wird. Die Kommunikationspolitik befasst sich damit, wie für den Dienst geworben wird.
(von den Bergen et al., S. 498 ff.)

4.3.2 Eingliederung ins Marketing

4.3.2.1 Produktpolitik

Ein Großteil der Erfolgsfaktoren für das mobile Internet steht direkt mit dem Produkt, bzw. der Dienstleistung im Zusammenhang. Dazu gehören Produktinnovati-

on, Einfachheit, Nutzwert, Design und Usability, Sicherheitsaspekte und die plattformunabhängige Gestaltung von Applikationen. Indirekt sind auch die Faktoren des günstigen- und schnellen Netzzugangs, der etablierten Marken und der Abgrenzung zur Konkurrenz der Produktpolitik zuzuordnen.

4.3.2.2 Preispolitik

Die Preispolitik umfasst als Erfolgsfaktor primär das Preis- und Ertragsmodell. Weiterhin lässt sich auch ein komfortables Bezahlverfahren sowie die Abgrenzung zur Konkurrenz der Preispolitik zuordnen, wenn die Abgrenzung über einen günstigeren Preis realisiert wird.

4.3.2.3 Distributionspolitik

In der Distributionspolitik ist als Erfolgsfaktor lediglich die Verfügbarkeit von Applikationen einzugliedern.

4.3.2.4 Kommunikationspolitik

Die Kommunikationspolitik umfasst den identifizierten Erfolgsfaktor der Angebotspromotion.

4.4 Tabellarische Gesamtübersicht

In der folgenden Gesamtübersicht sind die identifizierten Erfolgsfaktoren sowohl nach den wirtschaftlichen-, sozialen- und technischen Aspekten, als auch nach Produkt-, Preis-, Distributions- und Kommunikationspolitik tabellarisch geordnet.

Erfolgsfaktoren	Wirtschaftliche Aspekte	Soziale Aspekte	Technische Aspekte
Produktpolitik	Günstiger Netzzugang Produktinnovation Abgrenzung zur Konkurrenz	Nutzwert Einfachheit Etablierte Marke Sicherheitsaspekte Design und Usability	Schneller Netzzugang Plattformunabhängigkeit
Preispolitik	Preis- und Ertragsmodell Abgrenzung zur Konkurrenz	Komfortables Bezahlverfahren	
Distributions-politik	Verfügbarkeit von Applikationen		
Kommunikations-politik	Promotion		

Tab. 1   Tabellarische Gesamtübersicht der Erfolgsfaktoren

4.5 Bewertung der Erfolgsfaktoren

In den folgenden zwei Unterkapiteln wird die Relevanz der ermittelten Erfolgsfaktoren für die Unternehmen bewertet.

4.5.1 Wirkungsintensitäten der Erfolgsfaktoren

Um die Relevanz der Erfolgsfaktoren aus der Sicht von Unternehmen zu ermitteln, wurde im Rahmen dieser Arbeit eine Erhebung auf der Informationstechnik-Fachmesse Cebit (Centrum für Büroautomation, Informationstechnologie und Telekommunikation) im März 2009 in Hannover durchgeführt. Befragt wurden 21 Messe-Aussteller aus der Cebit-Halle „Internet and Mobile Solutions", die Dienstleistungen im mobilen Internet anbieten.

Im Fokus der Erhebung stand die Wirkungsintensität der ermittelten Erfolgsfaktoren für das mobile Internet. Dabei wurden die teilnehmenden Unternehmen nach der Wirkungsintensität der Erfolgsfaktoren auf den Unternehmenserfolg sowie der Beeinflussbarkeit der Faktoren durch das Unternehmen befragt. Die dadurch ermittelten Wirkungsintensitäten der 14 Erfolgsfaktoren sind in der folgenden Tabelle zusammengefasst.

Erläuterung der Wirkungsintensitäten:

0 = *Kein Einfluss*

1 = *Geringer Einfluss*

2 = *Mittlerer Einfluss*

3 = *Starker Einfluss*

	Einfluss auf den Erfolg	Beeinflussbarkeit
Preis- und Ertragsmodell	2	3
Günstiger Netzzugang	3	0
Verfügbarkeit von Applikationen	2	2
Produktinnovation	3	3
Abgrenzung zur Konkurrenz	2	1
Promotion des Angebots	2	3
Einfachheit	2	2
Nutzwert	3	2
Design und Usability	3	3
Komfortables Bezahlverfahren	2	3
Etablierte Marke	2	1
Sicherheitsaspekte	2	2
Schneller Netzzugang	3	0
Plattformunabhängigkeit	2	3

Tab. 2   Wirkungsintensitäten der Erfolgsfaktoren

Die detaillierten Ergebnisse der Erhebung im Umfang von 21 Fragebögen befinden sich im Anhang.

4.5.2 Erfolgsfaktoren-Portfolio

Das folgende Erfolgsfaktoren-Portfolio soll einen Überblick über die Relevanz der ermittelten Erfolgsfaktoren aus der Sicht der Anbieter ermöglichen. Dabei zeigt die x-Achse des Portfolios die Beeinflussbarkeit der Erfolgsfaktoren durch den Anbieter an und die y-Achse die Wirksamkeit der verschiedenen Faktoren auf den Erfolg. Als Grundlage des Diagramms dienen die ermittelten Wirkungsintensitäten der Erfolgsfaktoren aus dem vorherigen Unterkapitel.

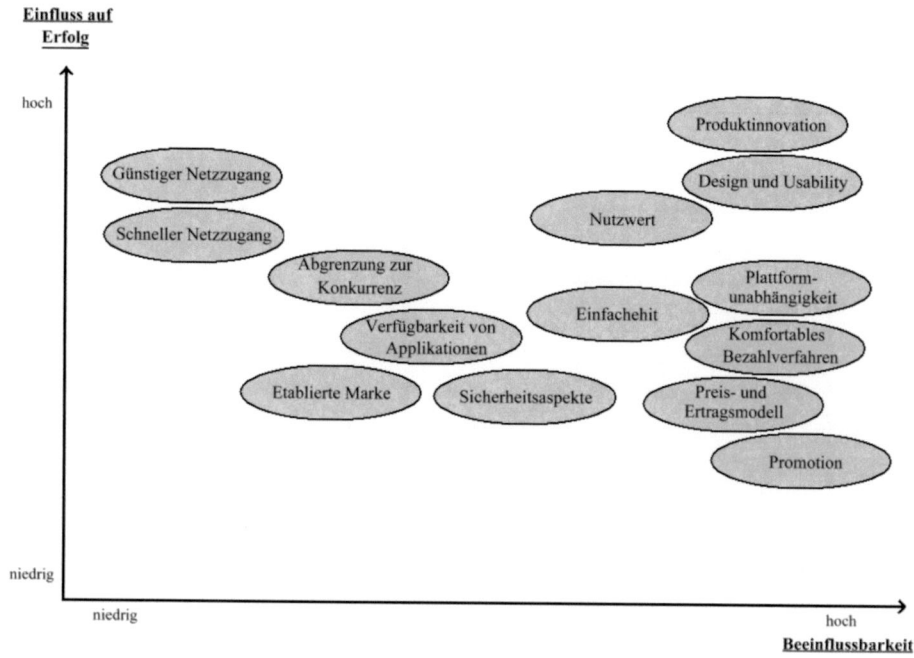

Abb. 9   Erfolgsfaktoren-Portfolio (eigenes Bildmaterial)

32

5 Wirkungszusammenhänge der Erfolgsfaktoren

In diesem Kapitel werden Wirkungszusammenhänge der Erfolgsfaktoren herausgearbeitet und durch das mehrdimensionale Beschreibungsinstrument Balanced Scorecard veranschaulicht. Abschließend wird das Vorgehen, bei der Einführung einer Balanced Scorecard, anhand eines Szenarios mit einem fiktiven Modell-Unternehmen verdeutlicht.

5.1 Methoden zur Beschreibung von ökonomischen Wirkungszusammenhängen

Die Ableitung von Wirkungszusammenhängen ist erforderlich, um Erfolgsfaktoren optimal durch betriebswirtschaftliche Maßnahmen zu beeinflussen. Werden Wirkungszusammenhänge nur unzureichend formuliert, können bei der Einflussnahme auf die Erfolgsfaktoren Zielkonflikte entstehen, die bei Nichtberücksichtigung den Erfolg schmälern. Zur anschaulichen Beschreibung von Wirkungszusammenhängen ökonomischer Faktoren, stehen verschiedene Methoden zur Verfügung.

Zwischen den identifizierten Erfolgsfaktoren im mobilen Internet lassen sich primär empirische Zusammenhänge ableiten. Reine Kennzahlenbasierte Methoden mit logischen (mathematischen) Zusammenhängen sind daher nicht anwendbar.

Um alle Aspekte der einzelnen Wirkungszusammenhänge abzubilden, empfiehlt sich die Erstellung eines Ursache-Wirkungs-Diagramms. Diese Modellierung ermöglicht es, alle Kausalitätsbeziehungen zwischen den Erfolgsfaktoren abzubilden. Darauf aufbauend kann das Modell der Balanced Scorecard auf abstrakter Ebene die Wirkungszusammenhänge, unter Berücksichtigung der Unternehmensstrategie, verdeutlichen. Dieses theoretische Modell bietet die Möglichkeit, die Problemstellung in einer strukturierten und umfassenden Form zu bearbeiten. (Von Dietrich 1996, S. 166 ff.)

5.2   Balanced Scorecard

5.2.1 Erklärung der Balanced Scorecard

Eine Methode, die sich zur Lösung der Kernfrage eignet, ist das von Robert S. Kaplan und David P. Norton entwickelte Modell der Balanced Scorecard. Die Balanced Scorecard als Instrument der Unternehmensführung dient der Anpassung der Organisation an verschiedenen formulierten strategischen Zielen und dessen Kontrolle. Dabei beschränkt sich die Balanced Scorecard im Gegensatz zu anderen Instrumenten nicht auf die finanzielle Perspektive, sondern greift auch strategische Faktoren wie zum Beispiel Kunden, Mitarbeiter und Prozesse auf. Durch Kennzahlen erfasste finanzielle Aspekte sollen dadurch mit nicht finanziellen Aspekten in Balance gebracht werden, um die strategischen Ziele zu erreichen. Durch dieses Vorgehen werden Abweichungen von den strategischen Zielen schnell ersichtlich (bzw. messbar) und es können entsprechende Gegenmaßnahmen eingeleitet werden. Weiterhin spiegeln traditionelle Kennzahlensysteme lediglich die Vergangenheit wider. Finanzielle Kennzahlen, wie Umsatz oder Gewinn, geben ausschließlich Auskunft über die bisherige Wirtschaftlichkeit. Zukünftig erfolgsrelevante Einflussfaktoren bleiben jedoch unberücksichtigt. Die Balanced Scorecard hingegen betrachtet in ihren verschiedenen Perspektiven zukünftige Erfolgsfaktoren, wie zum Beispiel den Aufbau von Kundenbeziehungen. (Kaplan; Norton 1992, S. 71 ff.)

Grundbaustein der Balanced Scorecard sind Ursache-Wirkungs-Diagramme, die die verschiedenen Perspektiven des theoretischen Modells miteinander in Verbindung bringen. Eine Balanced Scorecard basiert demnach auf Wirkungszusammenhänge verschiedener Faktoren, die Einfluss auf die strategischen Ziele des Unternehmens haben. (Kaplan; Norton 1992, S. 155 ff.)

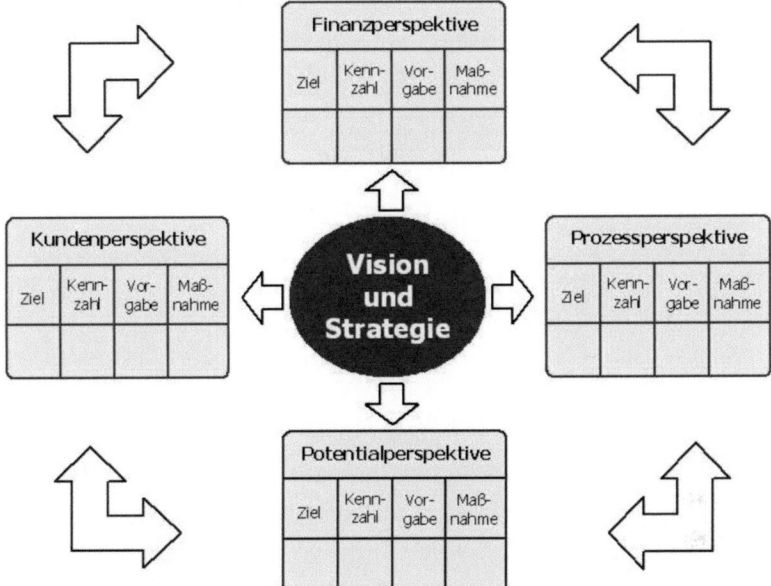

Abb. 10   Die Balanced Scorecard in ihrer ursprünglichen Form

(Bundesministerium des Inneren, 2009)

Die Abbildung 10 zeigt eine Balanced Scorecard in ihrer Grundform und macht den Aufbau und ihre Funktionsweise deutlich. Die Vision und Strategie des Unternehmens stehen im Mittelpunkt der Betrachtungsweise und steuern zur Umsetzung des Geschäftsmodells die verschiedenen Perspektiven. Diese wiederum stehen untereinander in Wechselbeziehungen. Für jede Perspektive lassen sich Ziele formulieren, welche mit den Zielen der anderen Perspektive im Rahmen der Unternehmensstrategie ins Gleichgewicht gebracht werden müssen. Mögliche Ziele für die vier verschiedenen Perspektiven sind beispielsweise:

- *Steigerung der Rentabilität um 15 Prozent (Finanzperspektive)*
- *Verkürzung der Durchlaufzeiten um 30 Prozent (Prozessperspektive)*
- *Steigerung der Mitarbeiterzufriedenheit (Potential- oder Mitarbeiterperspektive)*
- *Rückgang der Reklamationen um 40 Prozent (Kundenperspektive)*

Die Umsetzung der formulierten Zielvorgaben wird über entsprechende Kenngrößen überwacht. Werden die Ziele nicht erreicht, lassen sich Gegenmaßnahmen ableiten, die unter Berücksichtigung aller Perspektiven die Kenngrößen optimieren. Demnach dient das Modell der Balanced Scorecard primär der operativen Umsetzung von Strategien. (Gleich 1997, S. 432 ff.)

5.2.2 Bewertung der Methode

Zur Lösung der Kernfrage ist die Balanced Scorecard eine geeignete Methode, da sie sich dynamisch an den Themenkontext anpassen lässt. Die Perspektiven können in umfassender Form an die Erfolgsfaktoren des mobilen Internet ausgerichtet werden. Dabei werden auf abstrakter Ebene alle Kausalitätsbeziehungen zwischen den Erfolgsfaktoren ersichtlich. Weiterhin stehen bei der Balanced Scorecard Vision und Strategie eines Unternehmens im Mittelpunkt der Betrachtung. Dadurch ermöglicht die Balanced Scorecard, die Erfolgsfaktoren auf allen Ebenen des Unternehmens an die Strategie auszurichten. Das Modell bietet demnach nicht nur Überblick über die Erfolgsfaktoren und dessen Wirkungszusammenhängen, sondern ist damit auch operativ für Unternehmen anwendbar. Schlussfolgernd erfüllt das Erstellen einer Balanced Scorecard für das mobile Internet alle Anforderungen, um die Problemstellung strukturiert zu bearbeiten.

5.3   Erstellung einer Balanced Scorecard für das mobile Internet

5.3.1 Die Perspektiven der Balanced Scorecard

Im Rahmen der Problemstellung dieser Arbeit müssen die Perspektiven der Balanced Scorecard an die neuen Schwerpunkte angepasst werden. Die folgenden Perspektiven kommen für die Balanced Scorecard im mobilen Internet zur Verwendung:

- *Finanzperspektive*
- *Kundenperspektive*
- *Mitarbeiterperspektive*
- *Produktperspektive*
- *Marktperspektive*

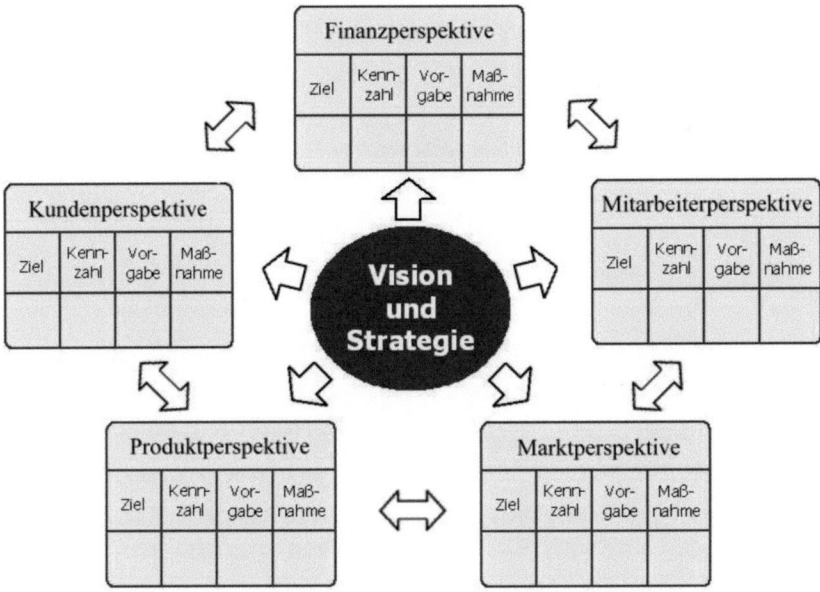

Abb. 11   Balanced Scorecard für das mobile Internet (eigenes Bildmaterial)

In den folgenden Unterkapiteln werden die Perspektiven der erstellten Balanced Scorecard (Abb. 11) erläutert.

5.3.1.1 Die Finanzperspektive

Die Finanzperspektive ist grundsätzlich die wichtigste Perspektive einer Balanced Scorecard, da jede Kausalkette zu einer finanziellen Kennzahl führt. Die Finanzperspektive gibt demnach Feedback über die Wirtschaftlichkeit des Unternehmens. Weiterhin zeigen die finanziellen Kennzahlen der Finanzperspektive, ob Strategien sinnvoll umgesetzt und die erreichten Ziele der übrigen Perspektiven im Sinne der Wirtschaftlichkeit gewählt wurden. Die Kenngrößen der anderen Perspektiven sind nur dann von strategischer Bedeutung, wenn sie in einer Ursache-Wirkungs-Beziehung zu den finanziellen Kennzahlen stehen. Mögliche Kenngrößen der Finanzperspektive sind: Kosten, Umsatz, Gewinn und Marktwert. Allgemeine Zielsetzung der Finanzperspektive, und damit auch des Unternehmens, ist die langfristige Gewinnmaximierung.

Folgende Ziele lassen sich für die Finanzperspektive definieren:

- *Verringerung der Kosten*
- *Erhöhung von Umsatz und Gewinn*

5.3.1.2 Die Kundenperspektive

Maßgeblich für den Unternehmenserfolg ist die Beziehung zu den Kunden. Aufgrund dessen wird der Kundenbeziehung eine eigene Perspektive in der Balanced Scorecard beigemessen. Die Kundenperspektive beschäftigt sich primär mit Aspekten der Akzeptanz der Kunden gegenüber dem Unternehmen und dessen mobilen Internetprodukten. Mögliche Kenngrößen der Kundenperspektive sind Marktanteil, Kundentreue, Kundenzufriedenheit und Kundenrentabilität.

Mögliche Zielformulierungen der Kundenperspektive:

- *Erhöhung des Marktanteils*
- *Steigerung der Kundenzufriedenheit*

5.3.1.3 Die Mitarbeiterperspektive

Die Mitarbeiterperspektive überprüft die Einbindung der Mitarbeiter in die internen Geschäftsprozesse. Wichtige Punkte der Mitarbeiterperspektive sind die Anzahl umgesetzter Ideen, Mitarbeiterzufriedenheit und Mitarbeiterfluktuation.

Mögliche Zielformulierungen der Mitarbeiterperspektive:

- *Steigerung der Mitarbeiterzufriedenheit*
- *Verringerung der Mitarbeiterfluktuation*

5.3.1.4 Die Produktperspektive

Zentrales Merkmal der Balanced Scorecard für das mobile Internet ist die Produktperspektive. Sie beschäftigt sich mit den Eigenschaften des angebotenen Produkts. Primäre Kenngröße dieser Perspektive ist die Produktqualität. Die Produktqualität lässt sich auf die folgenden in Kapitel 4.2 identifizierten Erfolgsfaktoren herunterbrechen: *Einfachheit, Nutzwert, Design und Usability, Sicherheitsaspekte, Komfortables Bezahlverfahren* und *Plattformunabhängigkeit*. Weitere Kenngrößen im Zusammenhang mit dem Produkt sind die Erfolgsfaktoren *Preis- und Ertragsmodell, Produktinnovation, Etablierte Marke, Promotion* und *Verfügbarkeit*.

Mögliche Zielformulierungen der Produktperspektive sind:

- *Steigerung der Produktqualität*
- *Erhöhung des Bekanntheitsgrads*
- *Erhöhung der Verfügbarkeit*

5.3.1.5 Die Marktperspektive

Die Marktperspektive überprüft Aspekte des Marktumfeldes und Marktbedingungen. Kernfaktoren für den Erfolg im mobilen Internet sind die identifizierten Erfolgsfaktoren *schneller Netzzugang* und *günstiger Netzzugang*. Sie stellen damit erfolgsrelevante Marktbedingungen dar und haben somit Einfluss auf die Strategie des Unternehmens. Im Gegensatz zu allen anderen Faktoren besteht für die Unternehmen keine Möglichkeit der aktiven Beeinflussung und damit entfällt eine Zielformulierung.

Ein weiterer Aspekt der Marktperspektive ist der identifizierte Erfolgsfaktor *Abgrenzung zur Konkurrenz*. Dadurch soll eine Orientierung am Wettbewerb ermöglicht werden.

Das folgende Ziel lässt sich für die Markperspektive definieren:

- *Erhöhung der Abgrenzung zu Konkurrenzprodukten*

5.3.2 Wirkungszusammenhänge

Zur Fertigstellung der Balanced Scorecard müssen die Kausalitätszusammenhänge der Erfolgsfaktoren analysiert werden. Ursache-Wirkungs-Ketten sind ein zentraler Bestandteil der Balanced Scorecard. Denn erst durch das Aufzeigen der Zusammenhänge werden die Wirkungsbeziehungen zwischen den Perspektiven der Balanced Scorecard verständlich. Dabei führt jede Kausalkette zu einer finanziellen Kennzahl.

5.3.2.1 Ursache-Wirkungs-Ketten

Im Folgenden werden mögliche Ursache-Wirkungs-Ketten erörtert:

- *Qualitätssteigerungen erhöhen die Kundenzufriedenheit. Eine gesteigerte Kundenzufriedenheit hat eine Erhöhung des Marktanteils zur Folge, wodurch der Absatz und damit auch der Gewinn steigt.*

- *Die Erhöhung der umgesetzten Ideen der Mitarbeiter erhöht die Produktinnovation. Durch eine erhöhte Produktinnovation kann sich das Unternehmen stärker von der Konkurrenz abgrenzen. In Folge dessen steigt der Absatz der Produkte sowie der Gewinn.*

- *Qualitätssteigerungen erhöhen die Kundenzufriedenheit. Eine gesteigerte Kundenzufriedenheit ermöglicht ein höheres Preisniveau der Produkte, wodurch der Umsatz steigt.*

- *Erhöhte Investitionen in Werbung (Promotion) für die angebotenen Internet-Dienste steigern den Bekanntheitsgrad des Unternehmens und der Produkte. In Folge dessen steigt der Absatz und Gewinn des Unternehmens.*

- *Die Verbreitung von günstigen- und schnellen mobilen Internetzugängen erhöht das Marktvolumen, wodurch der Absatz steigt. Ein höherer Absatz hat steigende Gewinne zur Folge.*

- *Eine erhöhte Verfügbarkeit und Plattformunabhängigkeit der angebotenen mobilen Internetapplikationen hat Absatzsteigerungen zur Folge, wodurch der Gewinn steigt.*

- *Die Nutzung einer bereits etablierten und bei den Kunden bekannten Marke steigert die Akzeptanz bei potentiellen Kunden. In Folge dessen steigen Absatz und Gewinn.*

- *Das Anbieten komfortabler Bezahlverfahren unter Berücksichtigung von Sicherheitsaspekten erhöht das Vertrauen der Kunden. Dadurch steigt auch die Kundenzufriedenheit und in Folge dessen Absatz und Gewinn.*

41

- *Wird die Qualität der Produkte langfristig gesteigert, erhöhen sich Akzeptanz und Zufriedenheit der Kunden. Dadurch steigt der Marktwert des Unternehmens.*

5.3.2.2 Ursache-Wirkungs-Diagramm

Das folgende Diagramm verdeutlicht visuell ausgewählte Kausalitätsbeziehungen zwischen den Dimensionen der Balanced Scorecard.

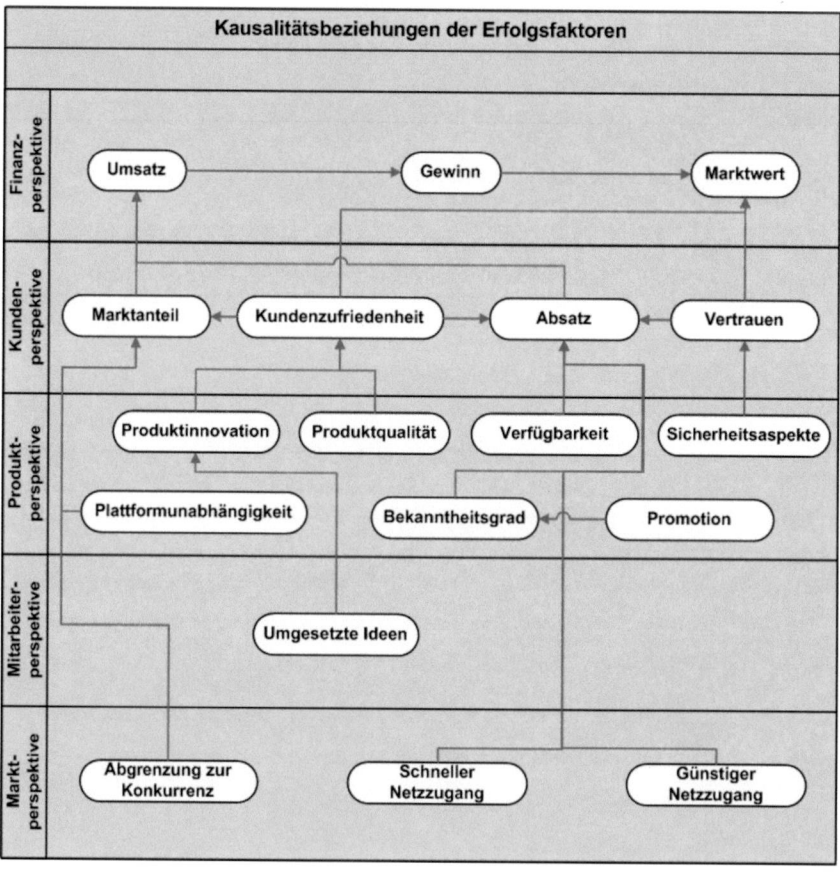

Abb. 12   Kausalitätsbeziehungen der Erfolgsfaktoren (eigenes Bildmaterial)

5.4 Erläuterung der Ergebnisse anhand eines Modell-Unternehmens

Dieses Unterkapitel dient der Erläuterung der Nutzungsweise der erstellten Balanced Scorecard anhand eines Modell-Unternehmens.

Das Szenario behandelt die Einführung der Balanced Scorecard in das fiktive Modell-Unternehmen „Data2Mobile". Das Unternehmen bietet Privatkunden gegen eine monatliche Gebühr das Chat-Tool „SeekU2" für Windows Mobile basierende Smartphones an.

5.4.1 Einführung der Balanced Scorecard

Im Folgenden wird die Einführung der Balanced Scorecard phasenweise erläutert:

- Vision identifizieren

Das Leitbild des Unternehmens wird diskutiert. Wo sieht sich das Unternehmen in 5 Jahren? Die Unternehmensführung von Data2Mobile legt folgende Vision fest:

„In 5 Jahren möchten wir den Markt für mobile Chat-Software in Deutschland dominieren. "

- Strategie definieren

Welche Strategie muss verfolgt werden, um die Vision des Unternehmens zu erfüllen? Das Unternehmen definiert folgende Strategie:

„Durch hohe Qualitätsstandards und innovativen Komponenten des Produkts SeekU2 sich von der Konkurrenz abgrenzen"

- Perspektiven und Erfolgsfaktoren festlegen

Für die Balanced Scorecard verwendet das Unternehmen die auf mobile Internetdienste spezialisierte Balanced Scorecard aus Kapitel 5.3. Die Unternehmensstrategie von Data2Mobile konzentriert sich demnach auf die folgenden fünf Perspektiven:

- *Finanzperspektive*
- *Kundenperspektive*
- *Mitarbeiterperspektive*
- *Produktperspektive*
- *Marktperspektive*

- Ziele festlegen

Das Unternehmen legt für jede Perspektive Ziele fest, dessen Umsetzung im Sinne der Unternehmensstrategie liegt. Data2Mobile definiert die folgenden Ziele:

Finanzperspektive:
- Steigerung der Umsätze
- Erhöhung des Gewinns

Kundenperspektive:
- *Steigerung der Kundenzufriedenheit*
- *Erhöhung des Marktanteils*

Mitarbeiterperspektive:
- *Steigerung der Mitarbeiterzufriedenheit*
- *Erhöhung der umgesetzten Ideen der Mitarbeiter*

Produktperspektive:
- *Erhöhung der Produktqualität*
- *Erhöhung der Produktinnovation*

Marktperspektive:
- *Erhöhung der Abgrenzung zu Konkurrenzprodukten*

- Kenngrößen definieren

Im Rahmen der Strategieverfolgung diskutiert die Unternehmensleitung mit den Abteilungen über Kenngrößen für das Produkt SeekU2, die gemessen und beeinflusst werden sollen. Data2Mobile legt die folgenden Kenngrößen fest:

- *Umsatz*

- *Marktanteil*

- *Kundenzufriedenheit*

- *Bekanntheitsgrad*

- *Anzahl umgesetzter Ideen der Mitarbeiter*

- *Produktinnovation*

- *Design und Usability*

- *Plattformunabhängigkeit*

- *Sicherheitsaspekte*

- *Abgrenzung zur Konkurrenz*

- Scorecard auswerten

Die festgelegten Kenngrößen werden einem Soll-Ist-Vergleich unterstellt. Zur Visualisierung wird ein Spiderweb-Diagramm verwendet:

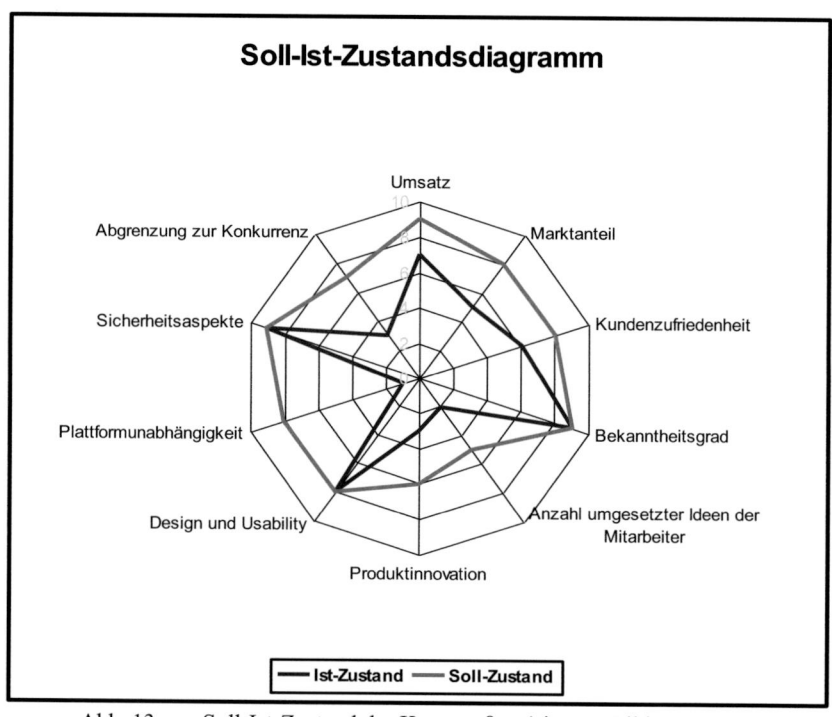

Abb. 13　　Soll-Ist-Zustand der Kenngrößen (eigenes Bildmaterial)

Die Auswertung offenbart die Problemfelder des Produktes SeekU2. Das Produkt bietet wenig Innovationen und ermöglicht aufgrund der Betriebssystemabhängigkeit von Windows Mobile keine Plattformunabhängigkeit. Weiterhin sind nur wenige Ideen der Mitarbeiter umgesetzt worden und SeekU2 setzt sich nur minimal von Konkurrenzprodukten ab. Kundenzufriedenheit, Marktanteil und Umsatz sind ausbaufähig. Der Bekanntheitsgrad der Applikation ist hingegen zufrieden stellend. Auch Design und Usability sowie Sicherheitsaspekte entsprechen dem Sollzustand.

- Maßnahmen ableiten

Abschließend werden im Rahmen der Unternehmensstrategie von Data2Mobile Gegenmaßnahmen abgeleitet, um zukünftig die Ziele zu erreichen. Die Maßnahmen basieren auf den Kausalitätsbeziehungen der Erfolgsfaktoren und Perspektiven der Balanced Scorecard.

Data2Mobile konkretisiert die folgenden zwei Maßnahmen:

- *Die Anwendung wird nicht weiter auf Windows Mobile als Betriebssystem aufbauen, sondern in Form einer Java2ME-Applikation realisiert. Zukünftig können auch potentielle Kunden mit Smartphones anderer Betriebssysteme und Nutzer von Mobiltelefonen mit J2ME-Unterstützung das Produkt nutzen. Durch diese Maßnahme wird das Absatzpotential von SeekU2 stark gesteigert.*

- *Mitarbeiter werden zukünftig stärker in den Entwicklungsprozess eingebunden und dadurch motiviert, mehr innovative Ideen in das Produkt einfließen zu lassen. In Folge dessen steigt die Produktinnovation.*

5.4.2 Wirkung

Data2Mobile setzt die Maßnahmen operativ durch. SeekU2 wird nun als J2ME-Applikation vertrieben und steht damit wesentlich mehr Kunden zur Verfügung. Das hatte einen positiven Effekt auf Absatz und Gewinn des Unternehmens. Des Weiteren wurde die Idee eines Mitarbeiters, Location Based Services in das Produkt zu integrieren, umgesetzt: SeekU2 bietet nun die Möglichkeit, sich den Standort von Kontakten, durch GPS-Positionsbestimmung anzeigen zu lassen. In Folge dessen wurde die Produktinnovation von SeekU2 gesteigert und eine klare Abgrenzung zur Konkurrenz geschaffen. Marktanteil und Kundenzufriedenheit haben sich daraufhin erhöht, was sich wiederum positiv auf Absatz und Gewinn ausgewirkt hat.

Data2Mobile hat mit Unterstützung der Balanced Scorecard seine Strategie erfolgreich operativ umgesetzt und sich somit der Unternehmens-Vision angenähert.

6 Zusammenfassung und Fazit

Die technologische Weiterentwicklung von Telekommunikationstechnologien und die zunehmende Verbreitung mobiler Endgeräte gehen mit einer rasanten Steigerung des Marktpotentials für das mobile Internet einher. In Folge dessen steigt die Relevanz für Unternehmen, die Web-Inhalte anbieten, ihr Angebot auf das mobile Internet auszuweiten.

Die ermittelten Erfolgsfaktoren in Kapitel 4.2 haben deutlich gemacht, dass sich die Erfolgsfaktoren im mobilen Internet von denen des herkömmlichen stationären Internets differenzieren. Dadurch ergeben sich veränderte Rahmenbedingungen für die Strategie und Entwicklung mobiler Internet-Dienste. Es gilt für Unternehmen, durch ihre Angebote sowohl die Nachfragekriterien, als auch die technischen Voraussetzungen zu erfüllen. Die Positionierung der identifizierten Erfolgsfaktoren im Erfolgsfaktoren-Portfolio hat aufgezeigt, dass insbesondere die Produktinnovation, der Mehrwert gegenüber Angeboten im stationären Internet, den Erfolg im mobilen Internet beeinflusst und damit für Unternehmen bei der Entwicklung fokussiert werden muss. Dies kann beispielsweise durch die Einbindung von Location Based Services in den mobilen Internet-Dienst erfolgen. Als sehr bedeutend haben sich auch das Design und die Usability herausgestellt. Werden die Inhalte nicht entsprechend für die Nutzung mit mobilen Endgeräten und dessen technischen Einschränkungen aufbereitet, ergeben sich negative Effekte auf die Akzeptanz der Kunden gegenüber dem Angebot.

Die Problemstellung der Arbeit konnte durch das Erstellen der Balanced Scorecard abschließend bearbeitet werden. Das angewandte theoretische Modell hat es ermöglicht, alle identifizierten Erfolgsfaktoren übersichtlich darzustellen und die Kausalitätsbeziehungen zwischen den Faktoren zu verdeutlichen. Durch Verwendung der Balanced Scorecard als Instrument der Unternehmensführung, können Abweichungen der Einflussgrößen von den Soll-Werten schnell identifiziert werden. Unter Berücksichtigung der übrigen Perspektiven lassen sich anschließend zielgerechte Gegenmaßnahmen ableiten.

Die Balanced Scorecard verdeutlicht des Weiteren auch die Relevanz, alle Erfolgsfaktoren einer Unternehmung einheitlich und unter Berücksichtigung einer zentralen Strategie zu beurteilen und zu steuern. Die Erfolgsfaktoren werden dabei auf allen Ebenen des Unternehmens an die Strategie ausgerichtet. Zusätzlich regt die Einführung einer Balanced Scorecard zur Diskussion unter den Leistungsträgern an und bezieht dabei alle erfolgsrelevanten Organisationseinheiten ein.

Die erstellte Balanced Scorecard für das mobile Internet bietet Überblick und Orientierungshilfe für Vermarktungsstrategien von mobilen Anwendungen und Diensten. Alle relevanten Erfolgsfaktoren und dessen Wirkungszusammenhänge werden dabei berücksichtigt und lassen sich im Rahmen der Unternehmensstrategie operativ Steuern.

Literaturverzeichnis

(BITKOM 2007): BITKOM: Fast täglich eine SMS.
http://www.bitkom.org/files/documents/BITKOM-PI_SMS_06.08.2007.pdf, 2007-08-06,
Abruf am 2009-04-20.

(BITKOM 2008a): BITKOM: Mehr als 100 Millionen Mobilfunkanschlüsse in Deutschland. http://www.bitkom.org/de/presse/30739_51915.aspx, 2008-04-27, Abruf am 2009-
03-27.

(BITKOM 2008b): BITKOM: Das WWW wird 15 Jahre alt.
http://www.bitkom.org/de/presse/30739_51813.aspx, 2008-04-23, Abruf am 2009-04-11.

(BITKOM 2008c): BITKOM: Studie: Umsatz mit mobilen Datendiensten verdreifacht
sich. http://www.bitkom.org/de/presse/30739_54145.aspx, 2008-09-24, Abruf am 2008-
04-16.

(BITKOM 2009a): BITKOM: Jährlich werden 29 Milliarden SMS verschickt.
http://www.bitkom.org/de/presse/8477_58933.aspx, 2009-04-24, Abruf am 2009-04-25.

(BITKOM 2009b): BITKOM: 16 Millionen UMTS-Anschlüsse in Deutschland.
http://www.bitkom.org/de/presse/8477_57785.aspx, 2009-02-15, Abruf am 2009-04-27.

(BITKOM 2009c): BITKOM: Datendienste geben dem Mobilfunk Schwung.
http://www.bitkom.org/de/presse/30739_57662.aspx, 2009-02-09, Abruf am 2009-04-22.

(BITKOM 2009d): BITKOM: Rekord: Deutsche laden 6 Millionen Songs auf Handys.
http://www.bitkom.org/de/presse/30739_58609.aspx, 2009-03-30, Abruf am 2009-05-14.
(Bouwman; De Vos; Haaker 2008) : Bouwman, H.; De Vos, H.; Haaker, T.: Mobile Service Innovation and Business Models, Heidelberg 2008.

(Bundesministerium des Inneren 2009): Modell Balanced Scorecard Abbildung.
www.bmi.bund.de/amo/info/bsc, Abruf am 2009-04-18.

(BVDW 2009): BVDW: BVDW sieht starkes Wachstumspotenzial des mobilen Internets
in Deutschland. http://www.bvdw.org/index.php?id=98&tx_ttnews[tt_news]=2943&cHas
h=62b38115ae, 2009-04-09, Abruf am 2009-05-02.

(Eberspächer; Speidel 2007): Eberspächer, J.; Speidel, J.: Wachstumsimpulse durch mobile Kommunikation, Heidelberg 2007.

(Gleich 1997): Gleich, R.: Performance Measurement, Heidelberg 1997.

(Goldmedia 2008): Goldmedia: Mobile Life 2012 - Studie.
http://www.goldmedia.com/uploads/media/PK_Praesentation_Mobile_Life_2012__Gold
media_BITKOM.pdf, 2008-09-24, Abruf am 2009-04-26.

(Kaplan; Norton 1992): Kaplan, R. S.; Norton, D.: Balanced Scorecard, Stuttgart 1992.

(Kollmann 2005): Kollmann T.: Kompaktes Lexikon – Unternehmensgründung, Wiesbaden 2005.

(Microsoft 2009): Abbildung Modell PDA. http://msdn.microsoft.com/de-de/library/ee939263.aspx, Abruf am 2009-05-01.

(Nokia 2009): Abbildung Smartphone Nokia N95. http://www.nokia.com/n95, Abruf am 2009-05-03.

(Reichwald 2002): Reichwald, R.: Mobile Kommunikation – Wertschöpfung, Technologien, neue Dienste, Wiesbaden 2002.

(Sony Ericsson 2009): Abbildung Sony Ericsson K800i Mobiltelefon.
www.sonyericsson.com/products/k800i, Abruf am 2009-04-02.

(Turowski; Pousttchi 2004): Turowski, K.; Pousttchi, K.: Mobile Commerce – Grundlagen und Techniken, Heidelberg 2004.

(von den Bergen et al.): von den Bergen, H.: Industrielle Geschäftsprozesse, Berlin 2002.

(Von Dietrich 1996): Von Dietrich, A.: Planung und Entscheidung : Modelle- Ziele-Methoden, Berlin 1996.

(Zobel 2001): Zobel, J.: Mobile Business und M-Commerce, München 2001.

Anhang

Erfolgsfaktoren im mobilen Internet (Ergebnisse)

Ergebnisse der Umfrage über die Wirkungsintensität von Erfolgsfaktoren im mobilen Internet auf der Cebit 2009.

Durchschnittswerte der Erhebung:
(0 = Kein Einfluss ; 9 = sehr starker Einfluss)

	Beeinflussbarkeit	Einfluss auf Erfolg
Preis- und Ertragsmodell	7	5
Günstiger Netzzugang	0	8
Verfügbarkeit von Applikationen	4	6
Produktinnovation	8	9
Abgrenzung zur Konkurrenz	3	6
Promotion des Angebots	9	5
Einfachheit	6	6
Nutzwert	6	7
Design und Usability	8	9
Komfortables Bezahlverfahren	8	6
Etablierte Marke	2	5
Sicherheitsaspekte	5	5
Schneller Netzzugang	0	7
Plattformunabhängigkeit	8	6